Production & © Rainbow Grafics Intl-Baronian Books
63, rue Charles Legrelle
1040 Bruxelles Belgique

Lito 41, rue de Verdun
94500 Champigny-sur-Marne
Imprimé à Singapour
Loi n° 49-956 du 16 juillet 1949
sur les publications destinées à la jeunesse
Dépôt légal : juillet 1999

Chère Mère Noël

Tom Simon

Je m'appelle

....

Ce livre m'a été offert par

....

Editions Lito

Décidément, le Père Noël
a oublié qu'il n'était plus un gamin !
Distrait par son petit train électrique, il glisse
sur la planche à roulettes et se casse une jambe.

Patatras !

Il est conduit d'urgence
à l'hôpital par René le Renne,
son premier secrétaire.

Pin-pon ! Pin-pon !

Tandis que l'infirmière
s'occupe du Père Noël,
René le Renne téléphone
à la Mère Noël :
– Oh là là, Mère Noël,
quelle catastrophe :
le Père Noël a été hospitalisé !
Je suis désolé de vous déranger
pendant vos vacances,
mais il faut vite venir achever
la préparation des cadeaux
et leur livraison !

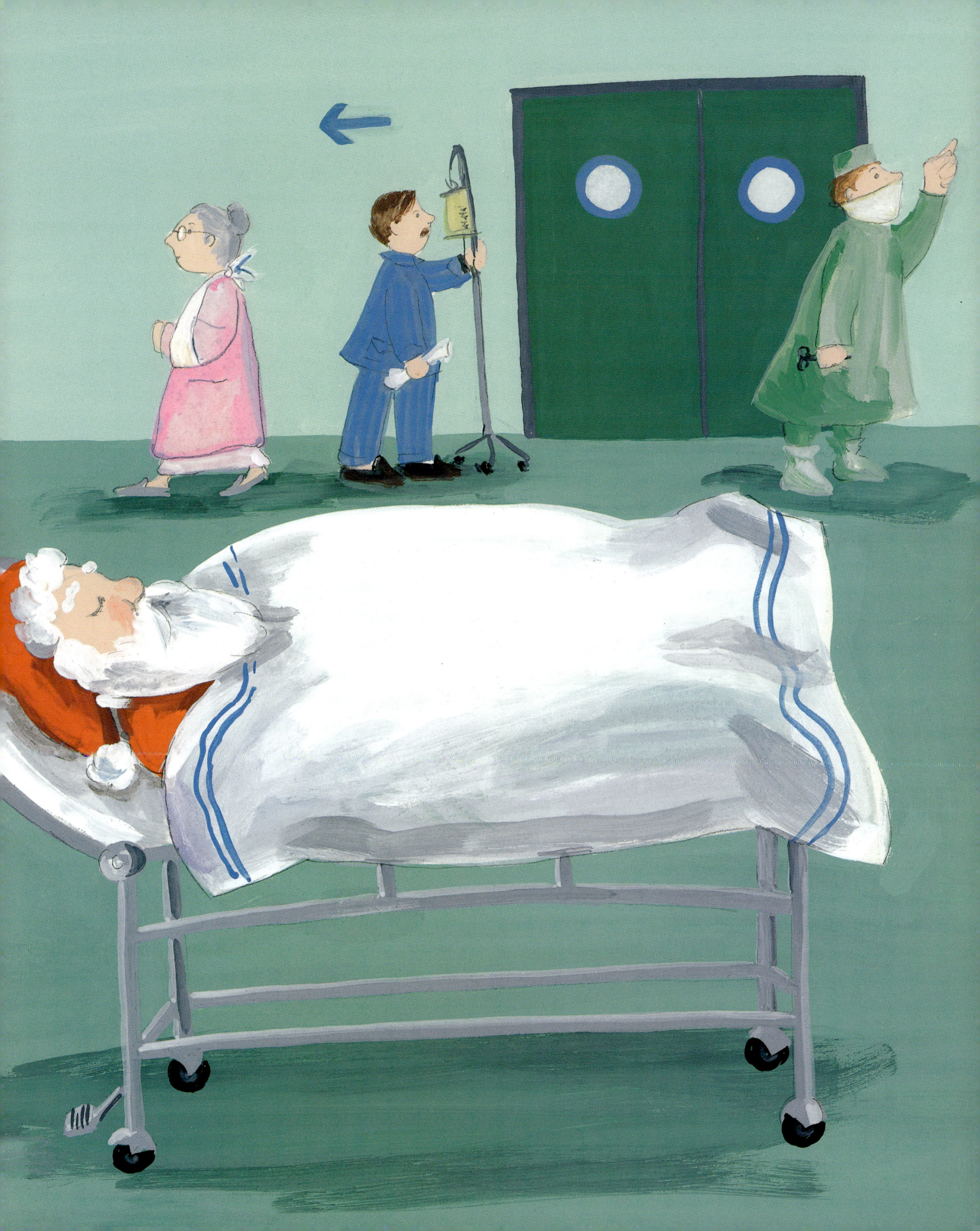

En plein milieu du désert, perchée sur son chameau,
la Mère Noël répond à l'appel pressant de René le Renne.

– C’est trop grave. Tant pis pour mon expédition !
Le Père Noël a besoin d’un coup de main.

D'abord, nous passerons chez moi prendre mon ordinateur
et mes rubans. Sans eux, je ne peux pas travailler correctement.
Je te rejoins à l'entrepôt du Père Noël !

Quand la Mère Noël pousse la porte de l'entrepôt,
elle découvre un désordre comme elle n'en a jamais vu !

– Au travail, mes amis !

Et pour commencer,
nous allons tout ranger
et tout nettoyer !

– Ah ! Voilà déjà une première bonne chose de faite !
On y voit plus clair ! René, l'ordinateur est-il branché ?
Voudrais-tu trouver le dossier avec le nom de tous les enfants ?
Moi, je termine la liste de cadeaux, et on commence
tout de suite les emballages. D'accord ?

URGENT
PAR AVION
FRAGILE
EXPRESS

PAR AVION
FRAGILE

René le Renne et son équipe
travaillent de tout leur cœur :
ils emballent, font des nœuds,
coupent des rubans, collent
les adresses, trient les paquets
dans de grands sacs…
– Merci, les rennes ! dit la Mère Noël.
Comme toujours, vous avez été
des champions : notre mission se termine
et cette montagne de paquets va partir
par courrier express.

– Voilà ! Tout est livré !
Sauf un gros paquet,
très spécial, que je tiens
à apporter moi-même…

… au Père Noël et aux enfants de l'hôpital
qui sont tous devenus ses amis.

– Merci, Mère Noël !

chantent les enfants
en chœur.

Le lendemain matin, le Père Noël dit au revoir à ses petits amis, et tandis que son traîneau navigue entre les nuages, il entend monter jusqu'à lui plein de rires joyeux.

– Je dois reconnaître que la Mère Noël a beaucoup de sens pratique…

Et que fait le Père Noël, une fois rentré chez lui ? Il profite de son repos forcé pour découvrir le monde des ordinateurs !